C.

Sandra Morris Jones

Lluniau gan
Hannah Matthews

BRECHDAN INC

Argraffiad cyntaf – 2007

ISBN 978 1 84323 606 1

ⓗ Gwasg Gomer ©

Cynllun y gyfres: mo-design.com

Noddwyd gan Lywodraeth Cynulliad Cymru

Argraffwyd yng Nghymru gan Wasg Gomer, Llandysul, Ceredigion SA44 4JL
www.gomer.co.uk

Pennod 1

Pwy ydy pwy yn y stori yma?

Dyma ni. Y bechgyn yn gyntaf.

Enw: **Zac**

Oed: 15

Byw: Fflat

Taldra: 5' 7"

Gwallt: Brown pigog

Llygaid: Gwyrdd

Hoffi: Snwcer, Lerpwl, Jo

Ddim yn hoffi: Darllen

Enw: **Ryan**

Oed: 15

Byw: Plas

Taldra: 5' 3"

Gwallt: Du syth

Llygaid: Brown

Hoffi: Labeli

Ddim yn hoffi: Criced

Enw: Josh

Oed: 15

Byw: Fferm

Taldra: 5' 8"

Gwallt: Cochlyd

Llygaid: Glas

Hoffi: Gwario arian

Ddim yn hoffi: Bwyta salad

Dyma ni'r merched. Shwmae!

Enw: **Jo**

Oed: 15

Byw: Tŷ

Taldra: 5' 2"

Gwallt: Brown tonnog

Llygaid: Brown

Hoffi: Zac, darllen

Ddim yn hoffi: Siopa, gwarchod

Enw: **Sam**

Oed: 15

Byw: Tŷ mawr

Taldra: 5' 1"

Gwallt: Golau cyrliog

Llygaid: Glas

Hoffi: Siopa

Ddim yn hoffi:

Darllen, gwaith

Rydych chi wedi'n gweld ni nawr!

Eisiau gwybod rhagor?

Rydyn ni'n byw yn Aberllan: pentref bach yn y wlad. Twll o le ydy e. Does dim byd yma. Does dim sinema yma. Does dim clwb nos yma. Does dim parc sglefrio yma. Does dim caffi yma. Does dim clwb ieuenctid yma. Dim byd.

Wel doedd dim clwb ieuenctid gyda ni yma. Ond mae pethau'n newid. Mae poster diddorol yn ffenest y siop gornel. O ie, mae siop gornel yma yn Aberllan. Mae neuadd gyda ni hefyd.

DIM BYD I'W WNEUD?
WEDI DIFLASU?
BETH AM DDOD I'R

CLWB IEUENCTID

NOS LUN
NEUADD Y PENTREF
7.00 - 9.00 O'R GLOCH

YN RHAD AC AM DDIM

CROESO I BAWB RHWNG 12-16 OED

Tu allan i'r siop gornel, roedd Jo,
Sam a Josh. Roedd Jo'n edrych
yn y ffenest.

JO: Edrychwch! Poster!

SAM (*yn sarcastig*):   Da iawn.

JOSH: Beth mae'n ddweud?

JO: Clwb Ieuenctid newydd.

SAM: Ble mae e?

JO: Yn y neuadd.

SAM: Pryd mae e?

JO: Nos Lun.

JOSH: Am faint o'r gloch?

JO: Rhwng saith a naw o'r gloch.

SAM: Beth! O na! Amser *Eastenders*!!

JOSH: Does dim fideo gyda ti? Beth am recordio'r rhaglen?

SAM: Ie, ond dydy e ddim yr un peth. Wyt ti'n mynd?

JO: Ydw. A ti, Josh?

JOSH: Dw i ddim yn siŵr.

JO: Pam?

JOSH: Wel, bydd llawer o blant ifanc 'na. Dw i ddim eisiau nhw o gwmpas y lle.

SAM: Bydd e'n hwyl – dere ymlaen.

JOSH: Na, dw i ddim yn meddwl. Dw i ddim eisiau Blwyddyn 7 yno.

SAM: Dim problem! Dim ond Blwyddyn 8 ymlaen sy'n cael mynd. Dere, Josh. Rhaid i ti ddod.

JOSH: Dw i ddim yn siŵr.

JO: Pam 'te?

JOSH: Bydd fy chwaer eisiau dod. Poen. Dw i wedi cael llond bol arni hi. Dw i eisiau llonydd.

JO: Ond rydyn ni eisiau i ti ddod, Josh. Dere.

JOSH: Efallai 'te.

Roedd Ryan wedi gweld
y poster hefyd. Ffoniodd e
Zac i siarad am y
clwb ieuenctid.

ZAC: Aberllan 216 324.

RYAN: Helô. Ga i siarad â Zac?

ZAC: Zac sy'n siarad, y twpsyn.

RYAN: O sori! Sut wyt ti?

ZAC: Iawn. A ti?

RYAN: Bôrd. Does dim byd i'w wneud. Does dim byd ar y teledu.   Does dim byd ar y radio.

ZAC: Does dim ots. Beth am fynd allan?

RYAN: I ble? Does dim byd yn y parc. Does dim byd yn yr ysgol. Does dim byd yn y neuadd.

ZAC: Oes, mae rhywbeth yn y neuadd.

RYAN: Beth?

ZAC: Clwb.

RYAN (*yn syn*): Beth? Pa glwb?

ZAC: Clwb Ieuenctid newydd sbon.

RYAN: Pryd?

ZAC: Heno am saith o'r gloch.

RYAN: Faint mae'n gostio?

ZAC: Dim byd heno.

RYAN: Dim byd? Iawn, dw i'n dod.

A dyma nhw'n penderfynu mynd i'r Clwb Ieuenctid. Chwarae teg, roedd Josh wedi penderfynu dod hefyd.
Roedd Josh yn hapus. Pam?
Dim chwaer – roedd hi'n cael gwers piano bob nos Lun.

Hwrê! Llonydd.

Mae'r Clwb Ieuenctid wedi trefnu disgo ac mae Sam eisiau mynd i siopa. Mae hi eisiau prynu dillad newydd. Mae hi'n hoffi siopa ond dydy Jo ddim yn hoffi siopa o gwbl. Dydy hi ddim yn hapus.

JO: O dw i ddim yn gwybod.

SAM: Beth sy'n bod?

JO: Dw i ddim yn gwybod pam dw i 'ma.

SAM: Rwyt ti'n siopa gyda fi.

JO: Dw i ddim eisiau siopa.

SAM: Na, fi sy eisiau siopa.

JO: Pam?

SAM: Achos dw i eisiau prynu crys-T i fynd i'r disgo nos Lun nesaf.

JO: Mae digon o ddillad gyda ti.

SAM: Nac oes. Paid â siarad dwli. Beth am hwn?

JO: Rhy fawr.

SAM: Beth am hwn?

JO: Rhy fach.

SAM: Beth am hwn?

JO: Rhy gostus.

SAM: Wyt ti'n hoffi hwn 'te?

JO: Nac ydw. Mae'n ddiflas.

SAM: Wyt ti'n hoffi hwn 'te?

JO: Nac ydw. Dw i ddim yn hoffi pinc. Ych a fi!

SAM: Wyt ti'n hoffi hwn?

JO: O ydw. Mae'n grêt. Dw i'n mynd i brynu fe.

SAM (*yn sarcastig*):   O grêt!! Diolch yn fawr, Jo.

JO: Dw i eisiau top du i fynd i'r disgo wythnos nesa.

SAM: Diolch yn fawr. Pwy sy ddim yn hoffi siopa?

(Peidiwch â phoeni, prynodd Sam sawl peth. Mae hi'n hoffi siopa, cofiwch.)

Mae Zac yn hoffi Jo ond dydy Jo ddim yn gwybod. Mae Jo yn hoffi Zac hefyd ond dydy Zac ddim yn gwybod.

ZAC: Helô! Beth wyt ti'n wneud yma?

JO: Mynd am dro.

ZAC: A fi. Wyt ti'n mynd i'r disgo heno?

JO: Ydw. Dw i wedi prynu top du newydd.

ZAC: Neis iawn. Rwyt ti'n edrych yn neis bob amser.

JO: Ydw i? (*Mae hi'n cochi.*)

ZAC: Wyt. Dw i'n meddwl hynny 'ta beth.

JO: Diolch.

ZAC: Dyna'r gwir.

JO: Wyt ti'n mynd i'r disgo?

ZAC: Ydw. Dw i'n edrych ymlaen.

JO: A fi.

ZAC: Ym ... Jo?

JO: Ie?

ZAC: Wyt ti eisiau dod i'r disgo gyda fi?

JO: Beth? Dêt?

ZAC: Ie. Dw i'n dy hoffi di.

JO: Dw i'n dy hoffi di hefyd.

ZAC: Grêt. Wyt ti eisiau dod gyda fi 'te?

JO: Ydw.

ZAC: IEEEEE!!!

JO: WAW! Gwela i di heno 'te.

ZAC: Iawn. Ble?

JO: Tu allan i'r neuadd?

ZAC: Ie. Am saith o'r gloch?

JO: Grêt!

ZAC: Hwyl 'te.

JO: Hwyl.

Nawr mae Zac yn hoffi Jo ac mae Jo'n gwybod. Hefyd, mae Jo'n hoffi Zac ac mae Zac yn gwybod.

Neis, 'te.

Ar ôl siarad â Jo, gwelodd Zac Josh.

JOSH: Wyt ti'n mynd i'r disgo heno?
ZAC: Ydw.
JOSH: Gyda pwy?
ZAC: Ym...wel...gyda ffrind.
JOSH: O ie, pa ffrind?
ZAC (*yn cochi*): Jo.
JOSH: O, Joseph Davies.
ZAC (*yn cochi eto*): N – n – n – na... Jo.
JOSH: Jo?
ZAC (*yn eitha crac*): Jo – anne!
JOSH: O! Joanne.
ZAC (*yn grac*): Ie, Joanne, iawn?
JOSH: Iawn. Paid â bod mor grac. Wyt ti'n mynd allan
      gyda hi?
ZAC: Efallai.
JOSH: Efallai?
ZAC: Ie, wel dyma'r dêt cyntaf.
JOSH: O, cŵl, Zac. Rwyt ti'n lwcus iawn. Mae Jo'n
      bishyn!
ZAC: Dw i'n gwybod. Dw i'n ei hoffi hi.
JOSH: Wel, rwyt ti'n lwcus. Mae hi'n bishyn ac rwyt ti'n
      salw!!
ZAC: Diolch yn fawr am ddim byd, Josh. Am ffrind!
JOSH: Reit, dw i'n mynd nawr i newid.
ZAC: Newid personoliaeth?
JOSH: Diolch, Zac. Am ffrind!

Maen nhw'n ffrindiau da ond maen
nhw'n hoffi tynnu coes. Wel, dw i'n
meddwl eu bod nhw'n tynnu coes!

Dydy Sam ddim yn meddwl am y disgo. Dydy hi ddim yn hapus. Mae hi'n eistedd ar sedd yn y parc. Dydy Ryan ddim yn meddwl am y disgo. Dydy e ddim yn hapus. Mae e'n mynd am dro yn y parc. Mae e'n gweld Sam.

RYAN: Heia Sam! Wyt ti'n iawn?

SAM: Nac ydw.

RYAN: Pam? Beth sy'n bod?

SAM: Cweryla gyda Mam.

RYAN: O diar! Beth sy wedi digwydd?

SAM: Dydy Mam ddim yn hapus gyda fi.

RYAN: Na? Pam?

SAM: Achos mae fy stafell fel twlc mochyn, mae fy nillad yn ofnadwy ac mae fy ngwallt yn ofnadwy.

RYAN: Dim byd mawr 'te!

SAM: Mae'n iawn i ti.

RYAN: Wyt ti'n meddwl? Ces i stŵr heddiw hefyd.

SAM: Pam?

RYAN: Stafell fel twlc mochyn, dillad ofnadwy, gwallt ofnadwy.

SAM: O!

RYAN: Ie, ond mae Mam yn iawn hefyd, yn y bôn.

SAM: Ydy, mae Mam yn iawn.

RYAN: Mae fy mam yn fy sbwylio i weithiau.

SAIB HIR . . .

HIR . . .

HIR . . .

SAM: Dw i'n mynd.

RYAN: I ble? Beth dw i wedi'i wneud?

SAM: Dwyt ti ddim wedi gwneud dim byd! Dw i'n mynd adre i ddweud sori wrth Mam.

RYAN: Syniad da. Dw i'n mynd adre, hefyd.

SAM: Beth am fynd i'r disgo heno?

RYAN: Dw i'n meddwl mynd. Dw i'n dod â ffrind newydd gyda fi.

SAM: Pwy?

RYAN: Cei di weld. Hwyl am nawr.

SAM: Hwyl. Gwela i di yn y disgo!

Mae Sam yn dechrau meddwl.

Pwy ydy ffrind newydd Ryan?

Mae Jo a Sam wedi cyrraedd y neuadd ac wedi mynd i'r tŷ bach i ymbincio a siarad. Mae merch arall yn sefyll o flaen y drych yn brwsio ei gwallt ac yn ymbincio.

SAM: Shwmae!

JO: Shwmae!

Y FERCH: Shwmae!

SAM(*troi at Jo*):   Rwyt ti wedi gweld Zac, 'te.

JO: Ydw.

SAM: Hen bryd! Wyt ti'n hoffi Zac?

JO: Ydw. Mae e'n bishyn.

SAM: Ydy, y pishyn mwyaf yn Aberllan. Ac mae e'n dy hoffi di!!!

JO: Gobeithio. Dw i'n lwcus iawn. Dêt gyda phencampwr snwcer y clwb – a phishyn mwyaf Aberllan! Wyt ti wedi siarad â Ryan heddiw?

SAM: Ydw. Mae e'n dod â ffrind newydd i'r disgo heno.

JO: Pwy?

SAM: Wn i ddim. Dydy e ddim eisiau dweud.

JO: Diddorol. Tybed pwy ydy e?

SAM: Neu pwy ydy **hi**? Efallai bod cariad gyda fe.

JO: Cariad gyda Ryan?!

SAM: Pam wyt ti'n chwerthin? Mae e'n fachgen neis iawn.

JO: Ydy, ond dydy e ddim yn bishyn fel Zac.

SAM: Mae personoliaeth yn bwysig hefyd, Jo!
       (*Mae'r ferch arall yn mynd allan.*)

SAM: Pwy oedd hi?

JO: Dim syniad. Dw i ddim wedi ei gweld hi o'r blaen. Dere 'nôl i'r neuadd. Mae Zac yn aros!!

Allan yn y neuadd, roedd Zac yn siarad gyda Ryan a'r ferch newydd. Wel! Wel! Dyma'r ferch oedd yn y tŷ bach. Hi oedd ffrind newydd Ryan? Gwenodd hi ar bawb.

CATRIN: Heia! Catrin ydw i. Dw i'n
hoffi'r gân yma.
Pwy sy eisiau dawnsio?
Dere 'mlaen. Beth amdanat ti?
ZAC: Fi?
CATRIN: Grêt! Dere ymlaen!

Cydiodd Catrin yn llaw Zac a'i dynnu i ganol y llawr.

Dawnsiodd Catrin gyda Zac am y
gân yna

   – a'r nesaf

      – a'r un wedyn.

Roedd Catrin yn
chwarae gyda gwallt
pigog Zac ac roedd
Zac yn chwerthin.
Doedd Jo ddim yn
chwerthin. Doedd hi
ddim yn hapus.
Cerddodd yn dawel i
mewn i'r tŷ bach.
Roedd hi'n crïo. Doedd
Ryan ddim yn
hapus chwaith.

Pennod 9

Roedd Josh yn hapus. Disgo heno.
Aeth Josh i mewn i'r neuadd a gweld
Ryan a Sam. Doedden nhw ddim
yn edrych yn hapus o gwbl. Doedd e
ddim yn deall. Pwyntiodd Sam at
Zac a CATRIN yn dawnsio!! Ar ôl
gorffen dawnsio gyda Catrin,
gofynnodd Zac ble roedd Jo.

SAM: Yn y tŷ bach yn crïo.
ZAC: Pam? Beth dw i wedi'i wneud?
RYAN: Dawnsio gyda Catrin, y twpsyn.
CATRIN: Pathetig! Dim ond dawnsio oedden ni! (*Catrin yn
          troi gweld Josh yn sefyll yno.*)
CATRIN: O, helô. Pwy wyt ti?
ZAC: Dyma Josh. Reit, rhaid i fi fynd i siarad â Jo. Dere
          gyda fi Sam, plîs.
SAM: O'r gorau. Rhaid i ti ddweud sori enfawr y twpsyn.

Y funud nesaf, roedd Catrin yn tynnu Josh i ddawnsio. Doedd Josh ddim yn gwybod beth i'w wneud. Ond roedd Catrin yn dawnsio'n dda. Roedd hi'n dawnsio'n agos ato fe. Roedd hi'n hapus iawn. Roedd Josh yn hapus hefyd. Ond yna gwelodd Josh ei chwaer Elin yn sefyll yno. Roedd e'n meddwl bod Elin wedi mynd i gael gwers biano gyda Mrs Lloyd. Doedd e ddim yn hapus nawr. Doedd e ddim eisiau gweld ei chwaer fach yn y disgo.

JOSH: Elin! Beth wyt ti'n ei wneud yma?
ELIN: Dim gwers heno – Mrs Lloyd yn dost. Dw i wedi dod i'r disgo.
JOSH: O na! Cer adre nawr!
ELIN: Na, dw i'n aros! Cinio'r Clwb Criced gyda Mam a Dad. Cofio?
JOSH: O, ie. Anghofies i. Does dim llawer o ddewis 'te, bydd yn rhaid i ti aros yn y disgo.
ELIN: Grêt!

Roedd Elin yn hapus iawn nawr.

Ond doedd Josh ddim yn hapus. Doedd Ryan ddim yn hapus chwaith. Roedd Catrin wedi dod i'r disgo gyda fe ond roedd hi'n dawnsio gyda phob un ond fe. Dyma Ryan yn mynd draw at Josh a Catrin. Roedd Sam hefyd yn dal i sefyll yno.

RYAN: Heia Sam! Wyt ti'n iawn?
SAM: Ydw diolch Ryan, a ti?
RYAN: Iawn.
(Ryan yn mynd at Catrin a Josh.)
RYAN: Dere i ddawnsio gyda fi Catrin, plîs.
CATRIN: Na. Dw i'n hapus yn dawnsio gyda Josh. Dw i'n aros yma.
RYAN: Beth? Ond dest ti i'r ddawns gyda fi.
JOSH: Nawr, gwrandewch. Dw i ddim eisiau cweryla gyda neb. Dim ond dawnsio oedden ni. Dim byd arall.
RYAN: Reit, dw i wedi cael digon. Catrin, dw i ddim eisiau dawnsio gyda ti a dw i ddim eisiau mynd allan gyda ti nawr. Sam, dere i gael dawns gyda fi.
SAM: O, grêt!
JOSH: Dawns arall Catrin?
CATRIN: Pam lai?

Wel, pam lai?

Erbyn diwedd y nos roedd pawb yn
hapus. Roedd Elin wedi cael noson
wrth ei bodd yn y disgo.

Roedd Josh wedi
dawnsio gyda
Catrin.

Roedd Ryan
wedi dawnsio
gyda Sam.

Roedd Zac wedi
dawnsio gyda Jo.

Hyfryd 'te?